Doris Ro...

Standard Deutsch 7/8

Leseheft · *Virtuelle Welten*

Erarbeitet von Ulrike Staffel-Schierhoff

Illustriert von Mascha Greune

Cornelsen

Inhaltsverzeichnis

Computerspiele früher und heute

Pong – So fing alles an

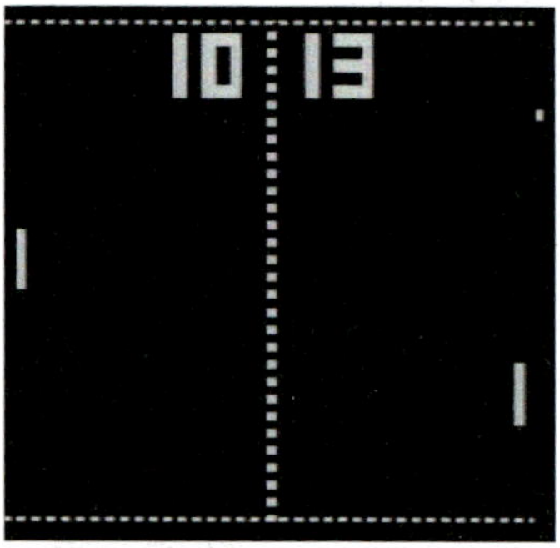
Bild 1: Pong

Eines der ersten weltweit verbreiteten Computerspiele stammt aus dem Jahr 1972. Es wurde anfangs fast ausschließlich in Spielhallen gespielt.

Pong – so lautet der Name – ist recht einfach aufgebaut. Ein weißer Punkt bewegt sich sehr langsam über den Bildschirm. Seine Bewegungsrichtung lässt sich mit Hilfe zweier weißer Linien verändern. Das Spiel ist vergleichbar mit Tischtennis. Der Ball ist allerdings eckig und seine Flugbahn einfach zu durchschauen. Die Linien sind mit Schlägern vergleichbar und können von je einem Spieler senkrecht nach oben und unten bewegt werden. Ziel ist es, den Ball zu treffen und möglichst so in das gegnerische Feld zu spielen, dass er dort am Bildschirmrand verschwindet. Dafür erhält der Spieler einen Punkt.

1 Verschaffe dir einen Überblick.
Gib den Textinhalt in ein bis zwei kurzen Sätzen wieder.

Der Text handelt von ... ______________________________

____

2 **a)** Überlege: Warum wurde „Pong" vorwiegend in Spielhallen gespielt?

Ich vermute, dass ... ______________________________

____

b) Vergleiche deine Vermutung mit Annahmen deiner Mitschüler.

Die folgenden Bilder zeigen, wie sich die Aufmachung der Computerspiele im Laufe der Zeit verändert hat.

In „Donkey-Kong“ versucht der Spieler z. B. ein Mädchen aus den Händen eines fässerwerfenden Gorillas zu befreien.

Bild 2: Donkey-Kong

3 Sieh dir Bild 2 zunächst in Ruhe an.

a) Was erkennst du?

Bild 2 zeigt das Spielfeld

von Donkey Kong. Man erkennt ...

b) Vergleiche das Spielfeld von „Donkey Kong“ mit dem von „Pong“. Welche Unterschiede fallen dir auf?

„Donkey Kong“ unterscheidet sich von „Pong“ durch

c) Verfahre mit Bild 3 in der gleichen Weise. Beobachte zunächst aufmerksam und vergleiche anschließend.

Bild 3: Mario und Sonic bei den Olympischen Spielen

Auf Bild 3 erkennt man ______________________

____

____

____

____

____

Im Vergleich zu „Donkey Kong" ______________________

____

____

4 Fasse deine Beobachtung zusammen.

Die wesentlichen Veränderungen der Computerspiele sind:

____

____

____

____

____

Virtuelle Welten sind verlockend

Sein und Schein – Was ist eine virtuelle Welt?

In Wörterbüchern wird der Begriff „virtuell“ folgendermaßen beschrieben: Wenn etwas „der Möglichkeit nach vorhanden ist“, ist es virtuell. Man könnte auch „scheinbar“ oder „nur in der Vorstellung bestehend“, beziehungsweise „eingebildet“ als Erklärung benutzen.
Eine virtuelle Welt ist demnach eine Scheinwelt. Man betritt sie z. B. im Traum, im Theater, im Kino oder im Computer.
Aber woran erkennt man eine virtuelle Welt? Wie unterscheidet sie sich von etwas, das wirklich und tatsächlich vorhanden ist – also zur realen Welt gehört?

Betrachte die Bilder.

Bild 1

Bild 2

Bild 3

Bild 4

1 Beschreibe die Bilder.

Bild 1 zeigt ...

Im Hintergrund erkennt man ______________________

____

Auf Bild 2 sieht man ___________________________

____

____

____

Die Bilder 3 und 4 zeigen _______________________

____

____

Mir fällt auf, dass _____________________________

____

____

2 Wie unterscheidet sich die reale von der virtuellen Welt auf den Bildern?

____

____

____

____

Lies den Text.

Der Reiz von Scheinwelten

Second Life, Habbo Hotel, Barbie-Onlinewelt, Panfu, World of Warcraft ... Dies sind nur einige Beispiele für virtuelle Computerwelten, die man mit einem Avatar betreten kann. Ein Avatar ist eine Art Spielfigur, die als ein Stellvertreter für die eigene Person auftritt. Das Faszinierende an einem Avatar ist, dass sein Aussehen und seine Charaktereigenschaften* frei gewählt werden können. Er ist eine komplexe Figur, deren Verhalten und Handeln durch den Spieler festgelegt werden. Meistens ähneln Avatare einem Menschen, es ist aber auch möglich, andere Wesen zu erschaffen. Man kann sich nach Lust und Laune eine zweite Identität* zulegen. Der Fantasie sind keine Grenzen gesetzt – alles ist möglich.

In manchen virtuellen Welten kann man Häuser bauen, Firmen gründen, Geld verdienen – und natürlich auch ausgeben – die Umgebung erkunden und mit anderen Usern* Kontakt aufnehmen.

Ein wichtiges Merkmal dieser Scheinwelten ist, dass man mitbestimmen kann und Einfluss auf die Dinge hat, die dort geschehen.

* **Charakter:** Wesensart

* **Identität:** Wesenseinheit, Persönlichkeit, *hier:* Person oder Gestalt, die nach den eigenen Vorstellungen (Aussehen, Charaktereigenschaften) erschaffen wird

* **User** (*engl.* to use = nutzen)**:** Mitspieler, Nutzer

In anderen Welten steht das Spiel mit oder gegen andere Mitspieler im Vordergrund. MMOG's* ist die fachsprachliche Abkürzung für diese Massen-Mehrspieler-Online-Spiele. All diesen virtuellen Welten ist gemeinsam, dass der Kontakt zu anderen Mitspielern den eigentlichen Reiz ausmacht. Die Verständigung erfolgt über einen Chat*. Ohne diese Möglichkeit zur Verständigung wäre ein Besuch einer virtuellen Welt vermutlich schnell langweilig. Man könnte unbekannte und fantastische Orte besuchen, aber einmal da gewesen wäre die Neugierde befriedigt.

Nichts würde sich bei einem weiteren Besuch verändern. Erst wenn andere Mitspieler die virtuelle Welt mit „scheinbarem Leben" füllen, findet eine Weiterentwicklung statt. Etwas Neues entsteht. Aber warum trifft man sich nicht gleich mit Freunden im „wirklichen" Leben?
Ablenkung finden, Neues entdecken, Pläne schmieden, Schwierigkeiten „spielend" meistern, Ziele erreichen, Herausforderungen annehmen, Anerkennung finden ... aber nur, wenn man Lust dazu hat – und wenn nichts gelingen will, einfach den Computer ausschalten. Vielleicht ist das der besondere Reiz.

* **MMOG's:** *engl.* Massive-Multiplayer-Online-Games

* **Chat:** (von *engl.* to chat, plaudern, sich unterhalten), Verständigung über das Internet.

3 Beantworte die Fragen.
Was ist ein Avatar?

- ☐ der Hersteller einer Computersoftware
- ☐ der Name für eine Scheinwelt im Internet
- ☐ ein Stellvertreter für eine echte Person in einer virtuellen Welt

Was trifft zu? Virtuelle Welten ...

- ☐ existieren nur in der Vorstellung
- ☐ können von Nutzern nicht beeinflusst werden
- ☐ sind nur für bestimmte Personen zugänglich
- ☐ ermöglichen den Nutzern, eine neue Identität anzunehmen

Was bedeutet die Abkürzung MMOG?

- ☐ Massive-Multiplayer-Online-Game
- ☐ Zugangscode für einen Online-Chat
- ☐ Meine-Mitgliedschaft-Online-genehmigen

4 Was macht eine virtuelle Welt interessant?
Belege deine Antwort am Text.

Man kann sich eine zweite Identität zulegen. (Z. 11)

Probleme im Umgang mit dem Internet

Lies die Überschrift und den ersten Abschnitt des Textes

Stephan Lebert

Medienkonsum* – Verloren in einer virtuellen Welt

Als die Erzieherin A. Sch. vor neun Jahren an der Gesamtschule in einer holsteinischen Kleinstadt anfing, war sie die Frau für die kleinen Wunden. Sie klebte Pflaster auf blutig geschlagene Knie Ball spielender Kinder, aber sie hätte hilflos dagestanden, wenn ihr ein Schüler erzählt hätte, dass man ihn in einem Chatroom* als „ver... Opfer“ beschimpft habe.

1 Wovon könnte der Text handeln?

Ich vermute, ...

____

____

Lies den Text zu Ende und überprüfe deine Vermutung.

Ein Chatroom? Es gab in der Schule einen separaten Raum, das schon, aber dort berieten sich Eltern mit Lehrern. Das Zimmer ist heute ihr Zimmer. Sie sagt: „Ich nenne es inzwischen mein Mobbingbüro*.“ In einer Ecke steht eine orange-

* **Medienkonsum:** *hier:* Gebrauch oder Nutzung des Internets

* **Chatroom:** Internetseite, auf der man sich mit anderen Nutzern bzw. Besuchern schriftlich verständigen kann

* **Mobbing:** Sammelbegriff für „jemanden schikanieren, hänseln, ausgrenzen.“

rote Couch, für Krisengespräche, aber wichtiger sind ihr der Computer und der Internetanschluss.

Über die virtuelle Welt, in die A. Sch. den Schülern heimlich folgt, wissen die meisten Lehrer nichts, die meisten Eltern auch nicht.

Die Sozialpädagogin muss nachtaktiv sein, unauffällig hin und her springen und alle paar Tage ihre Identität wechseln, damit sie sich nicht verrät. Sie muss versuchen, alles mitzukriegen, auch wenn ihr das niemals gelingen kann. Von den fast 1200 Schülern sind 1080 beim Internetforum SchülerCC* angemeldet, einer großen Schwatzbude. Sogar Zwölfjährige schalten noch abends um elf zu Hause ihren Rechner ein und chatten. Auch das kann A. Sch. auf ihrem Bildschirm sehen.

Vor ein paar Wochen stand eine Schülerin aus der 11. Klassenstufe im Mobbingbüro. Sie habe Angst, sie traue sich nicht mehr zur Schule, sie müsse sich verstecken. Sie war verzweifelt, sie weinte. ... Monat für Monat spitzen sich durchschnittlich zwei Konflikte* pro Klasse so zu, dass A. Sch. davon erfährt, und fast immer hat sich der Streit unter den Jugendlichen in den Chatrooms im Internet hochgeschaukelt.

„Man merkt es schon an der Sprache", sagt A. Sch., „das Internet enthemmt die Kinder, und die Erwachsenen kriegen es nicht mit." Meist kann die Erzieherin die Angriffe beenden, aber mit L. geht sie zur Polizei.

* **Internetforum:** *lat.* forum = Marktplatz, *hier:* Bereich im Internet, in dem man Meinungen, Erfahrungen, Gedanken mit anderen austauschen kann.

* **SchülerCC:** Schüler Community-Center (*engl.* community = Gemeinschaft, *engl.* center = Zentrum)

* **Konflikt:** Streit

Die Hetzjagd auf L. beginnt nach einem glücklichen Nachmittag in einem Café, wo sich die 18-Jährige mit einem jungen Schreinergesellen trifft, in den sie sich verliebt hat. Er habe keine Freundin, behauptet er, und L. fällt darauf herein. Die Freundin des Schreiners bekommt sofort alles heraus, stellt ihn wütend zur Rede, sein Kontakt zu L. bricht völlig ab. Von nun an braucht man nur noch einen Internetanschluss, um das Geschehen zu verfolgen.
Bis zu zehn Hassbotschaften treffen täglich in L.'s Postfach ein. Ihre Daten auf dem Forum SchülerCC zu finden ist nicht schwer.

Lissi ist auf 2 Fotos verlinkt
Alle Freunde von Lissi
Lissi eine Nachricht schicken
Lissi gruscheln
Lissi Fotoalben

Information

Account

Name:	Lissi Muster
Miglied seit:	01.01.2009
Letztes Update:	15.09.2009

Allgemeines

Schule:	GS Wolfenbüttel
Status:	Schüler
Geschlecht:	weiblich
Jahrgangsstufe:	08
Geburtstag:	27.06.1996

Jeder Schüler ordnet sich dort seiner Klasse in seiner Schule zu, kürzt manchmal seinen Nachnamen ab, legt aber immer ein Profil* von sich an, mit echten Fotos, Angaben über Hobbys und den „Beziehungsstatus"*. Jeder, der sich bei SchülerCC angemeldet hat, kann die Profile der anderen lesen und an jeden Nachrichten senden, öffentlich sichtbare Nachrichten, in digitalen Gästebüchern und auf Online-Pinnwänden, auch persönliche Nachrichten, die im privaten Postfach eines Einzelnen landen.
[...] Nach einer Woche meldet sich L. bei SchülerCC ab, aber wenige Tage später meldet sie sich wieder an. [...] L.

* **Profil:** Seitenansicht, Umriss, *hier:* die Darstellung und Beschreibung der eigenen Person

* **Beziehungsstatus = Status:** gegenwärtiger Zustand, *hier:* Angaben dazu, ob man einen Partner (Freund/Freundin) hat

glaubt, sie gerate in eine Falle, wenn sie einfach den Stecker zieht. Sie hofft, der Postfachterror werde von ihr abfallen. […]

Ihre Mutter weiß davon nichts, weil L. nur der besten Freundin alles erzählt. Warum, fragt sich die Mutter, geht L. nicht mehr aus? Warum schaut sie so verkniffen auf den Monitor des gemeinsamen Computers im Wohnungsflur und klickt hektisch die Seite weg, sobald sich die Mutter nähert? Was frisst das Kind in sich hinein?

Die eifersüchtige Freundin des Schreiners holt Verstärkung, weitere junge Frauen aus ihrem Bekanntenkreis beschießen L. mit gemeinen Botschaften, steigern sich in ein niederträchtiges* Spiel, […]. „Du bist feige“, schreibt L. an einem Abend zurück und erhält die Antwort: „Du bist feige, L., wenn du nicht mehr ausgehst.“

Es ist viel einfacher, sie mitten ins Herz zu treffen, wenn man ihr nicht persönlich begegnen muss. Alles schreibt sich so leicht dahin. Alles ist so schwerelos geworden im Zeitalter der Monitore, so bedenkenlos. Nachts um eins ruft eines der Mädchen bei L.'s bester Freundin auf dem Handy an und keift: „Wenn du die […] das nächste Mal siehst, sag ihr: Ich bring sie um.“

L. nimmt jetzt jeden Morgen den Ford Fiesta ihrer Mutter und fährt die zwei Kilometer zur Schule. Der vertrauten Umgebung traut sie nicht mehr, weil sich ihre Verfolgerinnen im Internet tarnen und sich auch draußen nicht zeigen. L. weiß, wer diese Mädchen sind, … ist ein großes Dorf, aber L. begegnet ihnen nicht auf der Straße, nicht in der Schule, nirgendwo. […]

Und als an einem Sonntagmorgen die Mülltonne vor der Haustür der Familie M. brennt, ist die Bedrohung da. Die Mutter rennt entsetzt zu L. und fragt sie: „Sag mir jetzt: Was geht hier vor?“ Endlich weiht sie die Mutter ein, die Sozialpädagogin […] begleitet L. zum Amtsgericht und macht dem Terror ein Ende.

* **niederträchtig:** gemein, boshaft, hasserfüllt

Heute geht L. abends wieder aus, aber in ihre Handtasche steckt sie vorher das Papier, das die Richterin unterschrieben hat. [...] Mindestens fünf Meter Abstand zu L. müssen die Verfolgerinnen halten, [...] aber auch Onlineattacken wurden ihnen verboten. Die Polizei hat eine Akte angelegt, der Spuk ist vorbei.

2 Lies den Text ein zweites Mal.

a) Kläre unbekannte Wörter.

Sozialpädagogin (Z. 17): ______

chatten (Z. 24): ______

b) Stelle Fragen zum Text und beantworte sie schriftlich in deinem Heft (Wer? Was? Wann? Wo? Warum?) Belege deine Antworten am Text.

Beispiel: Welche Personen sind die Hauptfiguren im Text?

Der Text berichtet über die Erzieherin A. Sch. (Z. 1 ff.) und die 18-jährige Schülerin L. (Z. 28 ff.)

3 Finde Gründe im Text, die gegen Internetforen* sprechen. Schreibe in Stichwörtern.

– boshafte Beschimpfungen (Z. 6)

______

______

* **Internetforum** (*Mehrzahl:* Internetforen)**:** Bereich im Internet, in dem man Meinungen, Erfahrungen, Gedanken mit anderen austauschen kann.

4 Welche Absicht hat der Text? Schreibe in dein Heft.

Ich denke, der Text soll darauf aufmerksam machen,

dass ...

5 Ergänze die Tabelle in deinem Heft.

Ich finde chatten ...	
gut, weil ...	schlecht, weil ...
... *ich damit Langeweile vertreiben kann*	...

6 Vergleiche die Eintragungen deiner Tabelle mit denen deiner Mitschülerinnen und Mitschüler. Welche Argumente* überwiegen?

7 Nutze die Tabelle für ein Rollenspiel. Führe ein Streitgespräch mit deinem Lernpartner. Verteidige deine Ansicht:

„Chatten ist gut, weil ... / Chatten ist schlecht, weil ....“.

Wechselt im Anschluss die Rollen.

* **Argumente** *(Mehrzahl)*: stichhaltige Begründungen, Beweismittel, *hier:* Gründe

Spielen kann süchtig machen

Lies den Text.

Tagebucheintrag vom 22.09.09

Mir ist so langweilig! Jeden Tag das Gleiche – in die Schule gehen, Hausaufgaben machen, Zimmer aufräumen, vor der Glotze sitzen ... Wenn ich Mama schon höre: „Marvin, zieh dich vernünftig an, Marvin, kämm dir die Haare ... Lern lieber für die Schule". Es ist kaum zum Aushalten. Wozu soll ich für die Schule lernen, ich kriege sowieso keine Lehrstelle. „Nach dem Abi studieren – viel zu teuer", sagt Papa. „Das können wir uns nicht leisten." Was soll das also? Die Lehrer sind sowieso alle blöd. Schule – NEIN DANKE!!
Zum Glück gibt es dieses geniale Online-game. Am liebsten spiele ich PvP*. Hier kann ich gegen andere Spieler antreten und sie besiegen. Im Besiegen bin ich gut – besser als die anderen. Ich durchschaue ihre Taktik, ich analysiere, was sie vorhaben, was sie als Nächstes tun wollen. Ich finde ihre Schwächen heraus und dann: SIEG!! Das gibt 'ne Menge Bonuspunkte, und das Beste ist: Die anderen Spieler haben Respekt vor mir – nicht wie zu Hause, wo mich alle für den Loser* halten.
Spielen ist cool, niemand nervt, ich bin gut drauf, ich habe Spaß. Aber heute habe ich wieder Kopfschmerzen. Die kommen immer öfter, besonders, wenn ich lange vor dem Rechner sitze. Ich kann mich gar nicht mehr so auf das Spiel konzentrieren. Ich muss dieses Level heute unbedingt knacken, sonst verliere ich wieder ein Leben. Ich werde gleich mal 'ne Kopfschmerztablette einschmeißen, oder gleich zwei. Hauptsache, Mama und Papa merken nichts. Die meckern sowieso wieder nur rum. Die können mich mal ... Benny übrigens auch, der soll mich mit seinem Fußballspielen in Ruhe lassen ... Kinderkram!

* **PvP:** *engl.* für player versus player, also Spieler gegen Spieler

* **Loser:** *engl.* für Verlierer

8 Kläre unbekannte Wörter.

9 Unterstreiche Schlüsselwörter bzw. Textstellen, die Auskunft geben über
- Gründe, warum Marvin Computer spielt;
- Marvins Einstellung zur Schule;
- die Folgen des Spielens, die an Marvin zu beobachten sind,

und ergänze den folgenden Text.

Marvin spielt gerne Computerspiele, weil ...

Sein Lieblingsspiel interessiert ihn besonders, weil ...

Marvin hat das Interesse an der Schule verloren, denn ...

Das Computerspielen hat einen negativen Einfluss auf Marvin, ...

Computerspiele und Surfen im Internet können süchtig machen. Die Grenzen zwischen Sucht und normalem Spielverhalten sind oft fließend. Treffen fünf oder mehr der folgenden Merkmale auf eine Person zu, so gilt sie als süchtig:

- Das Spielen beherrscht das Leben des Betroffenen. Andere Interessen oder Verpflichtungen wie Hobbys oder die Schule verlieren an Bedeutung.
- Der Spieler hat keine Kontrolle mehr über sein Spielverhalten. Er kann die Dauer und die Häufigkeit, mit der er spielt, nicht verringern.
- Entzugserscheinungen wie z. B. Unkonzentriertheit, innere Unruhe, Reizbarkeit, Schlafstörungen treten auf.
- Versuche, das Spielen einzuschränken, sind erfolglos.
- Das Spielen wird vor Freunden und Familienmitgliedern verheimlicht.
- Obwohl gesundheitliche Schäden bemerkbar sind (z. B. Schlaflosigkeit oder innere Erschöpfung), kann auf das Spielen nicht verzichtet werden.
- Kontakte zu Freunden, Bekannten werden vernachlässigt oder sogar aufgegeben.

10 Würdest du Marvin als süchtig bezeichnen? Begründe.

Ich denke Marvin ist süchtig/nicht süchtig, weil ...

11 Welche Menschen sind deiner Meinung nach besonders gefährdet, an einer Internet- oder Computerspielsucht zu erkranken?

Besonders gefährdet sind Menschen ...

- ☐ mit starkem Selbstbewusstsein.
- ☐ die wenig Kontakt zu ihren Mitmenschen haben.
- ☐ die sich Ziele setzen und ihre Zukunft planen.
- ☐ die mit ihrem Leben unzufrieden sind.
- ☐ die keine Hobbys haben.
- ☐ ohne Schulabschluss.
- ☐ mit Problemen in der Familie, im Beruf usw.
- ☐ die häufig Misserfolge erleben.
- ☐ die in Schule oder Beruf häufig mit dem Computer arbeiten.

Sprache im Internet

bb hdl ;-) – „Chatten will gelernt sein“

Es ist kaum zu glauben, aber hinter diesen Buchstabenkürzeln steckt ein ganzer Satz, und die Klammer samt Bindestrich und Semikolon zeigen dem Leser dieser Nachricht an, wie der „Schreiber“ sich fühlt.

1 Was könnte diese Abkürzung bedeuten?

B i s b____ d h____ d______ l____ b.

Die Verwendung von Abkürzungen in geschriebenen Texten ist nicht neu.

2 Gib einige Beispiele an:

z. B.: zum Beispiel, Nr.: Nummer, ________________

____

3 Warum werden Abkürzungen in Texten verwendet?

____

____

4 Was ist das Besondere an der Abkürzung in der Kapitelüberschrift?

____

____

Stelle dir vor!

Es sind Sommerferien. Du fährst mit deiner Familie in den Urlaub. Der „sonnige Süden“ ist das Reiseziel. Bei der Ankunft im Hotel fällt dir der kleine Laden ins Auge. Am zweiten Tag kaufst du dort Postkarten, um ein paar Leuten zu Hause einen Gruß zu schicken. Das erledigt man am besten gleich, da die Post auch eine Weile unterwegs ist. Sie sollte schließlich vor der eigenen Heimkehr angekommen sein.

5 Schreibe eine Postkarte an deine(n) Schulfreund(in). Beschreibe darin kurz, wie es dir geht, wie schön das Wetter ist, deine Aktivitäten (z. B. Strandbesuch) ...

Stelle dir vor! – die Zweite –

Es sind Sommerferien. Du fährst mit deiner Familie in den Urlaub. Der „sonnige Süden“ ist das Reiseziel. Bei der Ankunft im Hotel packst du deine Koffer aus. Dein Laptop darf natürlich nicht fehlen. Schließlich möchtest du dich schnell und unkompliziert mit deinen Freunden austauschen. Am Hotel-Empfang erfragst du das Kennwort für das hoteleigene Netzwerk, Kabel anschließen – und los geht's.
Julia ist online.

6.) Wie geht die Geschichte weiter? Schreibe auf!

Lies den Dialog*.

Lia	(18.07.2009 20:43):	*haii*
Momo	(18.07.2009 20:43):	haii
Lia	(18.07.2009 20:43):	*na wie gehts so*
Momo	(18.07.2009 20:44):	Supiii und dir ?
Lia	(18.07.2009 20:44):	*jaa auch*
Lia	(18.07.2009 20:44):	*aba sind ja auch ferien ;)*
Momo	(18.07.2009 20:44):	joa
Momo	(18.07.2009 20:44):	und wie war dein Tag so ?
Lia	(18.07.2009 20:45):	*voll funny war mit meiner sis und na freundin inna stadt und hab mich danach noch mit freunden getroffen und deiner ?*
Momo	(18.07.2009 20:46):	Supii ich bin ja noch n Portugal ... *grins*
Lia	(18.07.2009 20:46):	*boa cool *staun* ich will auch!!*
Momo	(18.07.2009 20:46):	Haha xD Naja nxt Woche komme ich ja auch wieder ..
Lia	(18.07.2009 20:47):	*wie lange wars du denn dann ...*
Momo	(18.07.2009 20:47):	2 wochen ..
Lia	(18.07.2009 20:47):	*davon kann ich nur träumen ...*
Momo	(18.07.2009 20:48):	Wieso ??
Momo	(18.07.2009 20:48):	Hör auf zu Träumen !! Tuu es !! xDD
Lia	(18.07.2009 20:49):	*... naja aba alleine wärs ja auch nich so toll*
Momo	(18.07.2009 20:50):	hmm...kann ich verstehen ..
Lia	(18.07.2009 20:51):	*guut*

* **Dialog:** Unterredung, Unterhaltung (schriftlich/mündlich)

Lia (18.07.2009 20:51): *und was habt ihr so gemacht in Portugal*
Momo (18.07.2009 20:52): öhm ja... nicht viel xD
Lia (18.07.2009 20:52): *schön sonne ... ahhh cool*
Momo (18.07.2009 20:53): muss off bb hdl ♥
Lia (18.07.2009 20:53): *ok ciao bd*
Lia (18.07.2009 20:53): *ida* ♥
Momo (18.07.2009 20:54): jo bb ♥

6 Lies den Dialog ein zweites Mal und beantworte die Fragen.

a) Woran erkennst du, dass es sich um einen Chat* handelt?

___

___

b) Welche Personen sind beteiligt?

___

c) Erkundige dich: Was ist ein *nickname*?
Welche *nicknames* werden im Text gebraucht?

Ein nickname ist ___

___

d) Wie lange dauert der Dialog?

___

* **Chat:** (von *engl.* to chat = plaudern, unterhalten) bezeichnet eine Unterhaltung mittels Computer in Echtzeit.

e) Worüber wird geschrieben?

f) Markiere die Stellen im Text, die nicht ohne Weiteres verständlich sind. Schreibe sie auf und versuche zu übersetzen.

... meiner sis (Z. 12)	... meiner Schwester

Verschiedene Sprachformen

Fachsprache: Expertensprache; Verwendung von Fremdwörtern.

Jugendsprache: Umgangssprache, die von Jugendlichen gebraucht wird. Sie wird gegenüber Erwachsenen kaum benutzt und kann von Gruppe zu Gruppe unterschiedlich sein.

Umgangssprache: „einfache" Sprachform. Die Wortwahl ist nicht besonders sorgfältig. Häufig werden bestimmte Worte wiederholt und Übertreibungen oder derbe Ausdrücke verwendet.

Dialekt: Sprachform, die in einem örtlich begrenzten Gebiet gesprochen wird.

Besondere Zeichenkombinationen, die dazu benutzt werden, um Smileys zu erstellen, nennt man **Emoticon** (abgeleitet von **Emotion** [Gefühl] und **Icon** [Zeichen])
Beispiele:

:-) =  :-(=  ;-) =  :'(= 

Ein Wort, das ein Gefühl oder einen Gesichtsausdruck möglichst kurz und knapp verdeutlichen soll, nennt man **Inflektiv.** Beispiel: ***grins***, ***heul***

Ausdrücke oder ganze Sätze, die mit den Anfangsbuchstaben der einzelnen Wörter abgekürzt werden, nennt man in der Fachsprache **Akronyme.**

7 Untersuche den Text auf S. 24/25.

a) Welche Sprache wird verwendet?

☐ Fachsprache ☐ Jugendsprache

☐ Umgangssprache ☐ Dialekt

b) Manche Wörter im Dialog werden ganz bewusst falsch geschrieben. Warum?

supiii (Z. 5) *jaa (Z. 6)* *guut (Z. ...)*

Ich glaube, ______________________________

____

____

c) Welche Textstellen zeigen besonders deutlich, wie sich *Momo* und *Lia* während des Schriftwechsels fühlen? Schreibe sie heraus.

d) Finde *Akronyme* im Chat-Dialog und schreibe sie heraus. Kläre die Bedeutung.

bb (Z. 42) : bis bald,

8 Vergleiche deine Postkarte mit dem Chat-Dialog. Nenne die wesentlichen Unterschiede.

9 Diskutiert in der Klasse die Behauptung:
Chatten fördert den Untergang der deutschen Sprache!

- Sammle Argumente für und gegen diese Behauptung. (Gruppenarbeit)
- Entscheide dich für einen Standpunkt (pro/contra).
- Überzeuge einen Schüler anderer Meinung von deinem Standpunkt. Bringe dabei gezielt deine Argumente vor.

Zahlen und Fakten zur Internetnutzung

Gehst du „on“?

Computer sind aus unserem heutigen Leben nicht mehr wegzudenken, sei es in der Schule, am Arbeitsplatz oder zu Hause. Der *Medienpädagogische Forschungsverbund Südwest* (MPFS) interessiert sich besonders dafür, wie Jugendliche im Alter von 12 bis 19 Jahren mit dem Computer – und dem Internet – umgehen, wozu sie ihn benutzen, wie oft und wie lange sie ihn nutzen. Seit 1998 werden jedes Jahr etwa 1000 Jugendliche in ganz Deutschland telefonisch befragt. In der sogenannten JIM-Studie* werden die Befragungsergebnisse in Form von Schaubildern und Diagrammen dargestellt. Jeder, der sich dafür interessiert, kann sie sich im Internet anschauen. Im Jahr 2008 hat die Befragung folgende Ergebnisse gebracht:

Lies die Pressemeldung aufmerksam durch.

JIM-Studie 2008 – Pressemeldung

Jugendliche verbringen nach eigener Schätzung fast die Hälfte ihrer Nutzungszeit im Internet mit „Kommunikation“, der Rest verteilt sich fast gleichmäßig auf die Bereiche „Information“, „Spiele“ oder auf „Unterhaltungsangebote“ Musik, Videos oder Filme. Besonders intensiv werden Online-Communities wie „SchülerVZ“ genutzt, [...]
Fast drei Viertel der 12- bis 19-Jährigen Internet-Nutzer haben inzwischen Erfahrungen mit Online-Communities gemacht, 41 Prozent* besuchen diese Plattformen täglich, weitere 16 Prozent mehrmals pro Woche. Von den täg-

* **JIM-Studie: J**ugend-**I**nformation-**M**ultimedia-Studie: Eine gründliche Untersuchung und Auswertung bestimmter Fragestellungen.

* **Prozent:** von hundert, z. B. 41 Prozent = 41 von 100 befragten Jugendlichen

lichen Nutzern schaut sich die Hälfte sogar mehrmals am Tag in der Community um. 45 Prozent der Jugendlichen waren schon einmal bei „SchülerVZ", mit Abstand folgen Angebote wie „StudiVZ" (12 %), „MySpace" (10 %) oder „ICQ" (7 %).

1 Unterstreiche unbekannte Wörter und kläre ihre Bedeutung. Schreibe die Erklärungen in dein Heft.

2 Lies die Pressemeldung ein zweites Mal und formuliere das Thema des Textes in einem Satz.

____

____

3 Welche Funktion hat der Text?

☐ informieren ☐ überzeugen ☐ unterhalten

☐ zu etwas auffordern ☐ belehren ☐ kritisieren*

4 Welche Online-Communities sind besonders beliebt? Ergänze die Tabelle.

Anteil der Jugendlichen	Besuchte Plattform
45%	SchülerVZ

* **kritisieren:** beurteilen, bewerten

5 Übertrage die Daten der Tabelle in ein Balkendiagramm. So sieht ein Balkendiagramm aus:

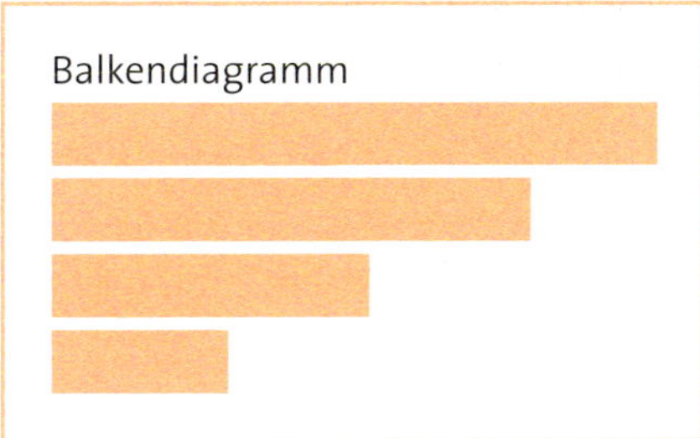

Mit einem Balkendiagramm kann man verschiedene Angaben in ein Verhältnis zueinander setzen und grafisch darstellen.

a) Beschrifte die Achsen.

b) Ergänze die fehlenden Daten.

c) Wähle einen passenden Diagrammtitel.

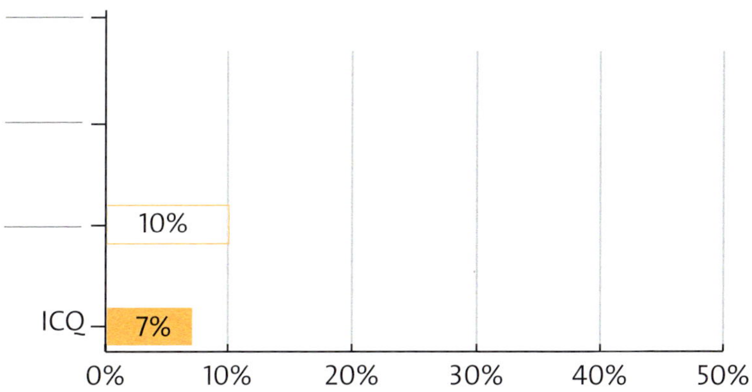

Fortsetzung der Pressemeldung

Ob auf Plattformen wie „SchülerVZ“ oder auf der eigenen Homepage – Jugendliche gehen recht unbedarft* mit persönlichen Angaben im Internet um. Drei Viertel der Internetnutzer haben Informationen zu ihren Vorlieben oder Hobbys online gestellt. Weit verbreitet ist auch Bild- oder Fotomaterial, auf dem die Befragten selbst zu sehen sind (60 %) oder Freunde bzw. Familienmitglieder (46 %). Auch die eigene E-Mail-Adresse ist bei mehr als 40 % im Internet einsehbar, Mädchen präsentieren häufiger als Jungen Bilder von sich im Netz, Jungen geben zu einem größeren Anteil die E-Mail-Adresse preis.

6 Welche Kritik* verbirgt sich hinter folgendem Satz?
„Jugendliche gehen recht unbedarft mit persönlichen Angaben im Internet um“ (Z. 16)

Der Autor will zum Ausdruck bringen, dass …

7 Welche persönlichen Angaben werden von den Jugendlichen online gestellt?

* **unbedarft:** sorglos, unwissend, unerfahren

* **Kritik:** Vorwurf, Beanstandung, Bemängelung

8 Welche „Gefahren“ sind mit der Veröffentlichung von persönlichen Angaben im Internet verbunden? Begründe.

____

____

In der JIM-Studie 2008 wurde die Frage gestellt, warum Online-Communities wie z.B. SchülerVZ so beliebt sind. Das Ergebnis zeigt das folgende Balkendiagramm:

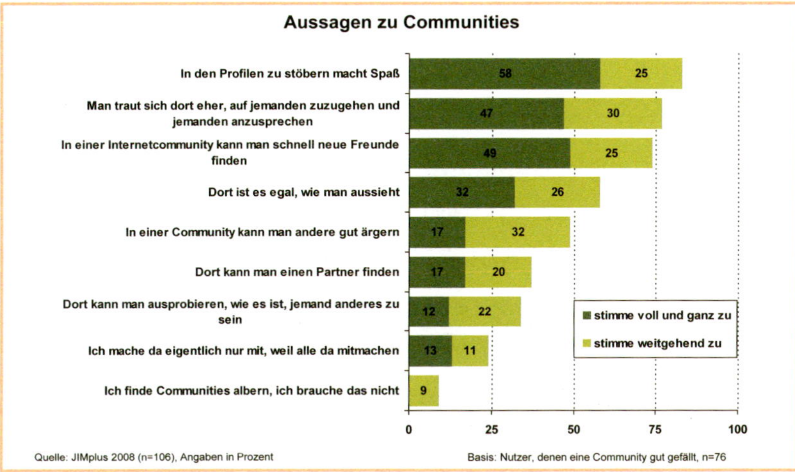

9 Welche der folgenden Aussagen treffen zu?

☐ Die meisten Jugendlichen besuchen Online-Communities nur deshalb, weil es „in“ ist.

☐ Ein Großteil der Jugendlichen nutzt Online-Communities, um andere zu ärgern.

☐ Das Thema „Freunde“ ist ein wichtiger Grund, Online-Communities zu besuchen.

☐ Mehr als die Hälfte aller Jugendlichen glaubt, über das Internet einen Partner zu finden.

☐ Die meisten Jugendlichen haben Spaß daran, Fotos und Einträge anderer im Internet anzuschauen.

10 Aus welchem Grund besuchst du SchülerVZ oder ähnliche Communities? Diskutiere in deiner Klasse.

Ich besuche solche Seiten im Internet nicht, weil ...

Ich finde Online-Communities gut, weil ...

Aber mir gefällt nicht, dass ...

Beim Umgang mit Online-Communities kann es auch Probleme geben, wie das folgende Diagramm zeigt:

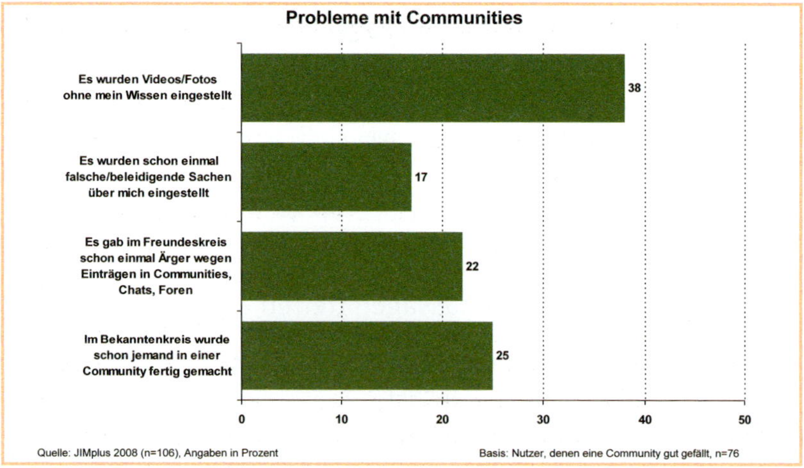

11 **a)** Welche Informationen liefert das Diagramm? Stelle geeignete W-Fragen und beantworte sie in deinem Heft.

b) Verändern die Angaben im Diagramm deine Meinung über Online-Communities? Begründe.

Virtuelle Abenteuer

Lies den Text.

Rodman Philbrick

Das letzte Buch des Universums

[…] Sie nennen mich Spast, ein Name für Schlurfs, für Pechvögel und Versager, aber das macht mir nichts aus, jedenfalls jetzt nicht mehr. Ich spreche in ein altes Voicewriter-Programm, das meine Worte aufschreibt […] Spast ist nicht bloß ein Name, es ist eine Warnung. Achtet auf den Spast, vielleicht kriegt er einen Anfall und beißt euch. Er steckt euch an! […] *Annulliert** *ihn*, flüstern sie manchmal, *der Junge ist ein Monster, ein Fehler, er hätte nie geboren werden dürfen* […]

[…]Wenn ihr das hier lest, muss das in tausend Jahren sein. Denn hier liest niemand mehr. Warum sich die Mühe machen, wenn du dich einfach einloggen* kannst. Steck dir deine Bilder und Action direkt ins Hirn und lass es abgehen. Es gibt alle Arten von Log-Shows: Trendies, Shooters, Sexies – was immer du erleben willst. Shooters sind voll mit Gewalt, Trendies zeigen dir das Leben in Eden, und Sexies, na ja, ihr könnt euch denken, worum es in Sexies geht. […] Loggen soll das größte sein. Ich werde es nie erfahren, weil ich dieses Leiden habe und allergisch gegen Log-Nadeln bin. Steckt mir eine davon ins Hirn und ich bekomme einen schlimmen Krampfanfall, und dann – die totale Hirnschmelze, Lichter aus, Freunde, das war's […]. Aber der

* **annullieren:** außer Kraft setzen, für ungültig erklären

* **einloggen** (von *engl.* to log in)**:** sich (in einem Computersystem) anmelden, einen Computerdienst nutzen

Fluch ist auch ein Geschenk. Wenn du das nicht hättest, würdest du dir auch Nadeln ins Hirn stecken wie alle anderen. Deinen Verstand mit Logs ruinieren. In einer Log-Show leben, statt im wirklichen Leben. Du hättest Mühe, dich an die letzte Woche zu erinnern, […] Billy* hat eine Nadel im Kopf. Er loggt. Daher der medizinische Geruch, von dem Desinfektionsmittel an der Elektronadel, die sich in sein Hirn bohrt. […] Er sieht nur das, was gerade in seinem Kopf passiert, dort, wo die Log-Show abläuft. Und ihn mitten ins Geschehen bringt, als wäre er in einem bewegten Hologramm, bloß besser. Besser als echt. Besser als alles andere. […] Angeblich ist das, als beträtest du eine andere Welt, die nur für dich und deinen Spaß gemacht ist, in der alle deine Träume wahr werden und jeder Wunsch in Erfüllung geht. Eine viel, viel bessere Welt als die, in der wir leben, so viel ist sicher. […]

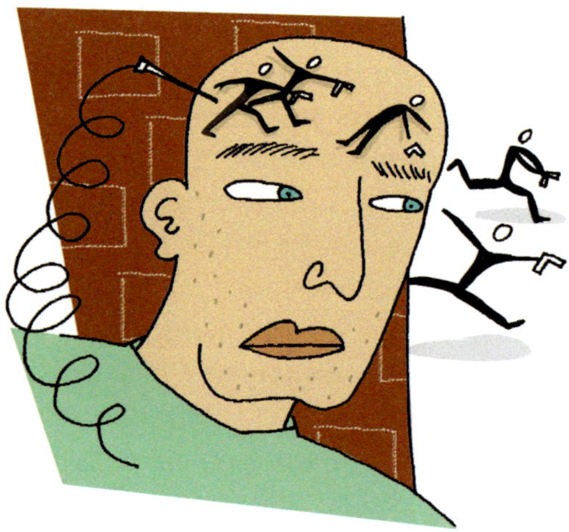

* Billy Bizmo ist der Boss einer Gang, die Angst und Schrecken verbreitet.

1 Notiere deine Eindrücke nach dem ersten Lesen.

Lies den Text ein zweites Mal und kläre unbekannte Wörter.

2 **a)** Teile den Text in Abschnitte ein und finde Überschriften für die Abschnitte.

b) Markiere Schlüsselwörter im Text und schreibe zu jedem Abschnitt zwei kurze Sätze zum Inhalt.

Abschnitt 1 (Z.   ): Niemand mag den kranken Spast

Inhalt: Spast ist ein Junge mit einer seltsamen Erkrankung. Andere Leute meiden ihn und ängstigen sich.

Abschnitt 2 (Z.   ): ______________________

Inhalt: ______________________

____

Abschnitt 3 (Z.   ): ______________________

Inhalt: ______________________

____

Abschnitt 4 (Z.   ): ______________________

Inhalt: ______________________

____

3 Hast du Lust auf mehr? Formuliere deine Begründung im Heft.

Lies die Überschrift und den ersten Teil des Textes (Z.1–14).

René Appel

Gefangen in Kids City

„Hier stellen wir noch eine Fabrik hin!", sagte Sander. „Wir brauchen mehr Fabriken. Schon mehr als zweihunderttausend Einwohner – die müssen Arbeit haben." „Erst ein neues Kraftwerk", wandte Maarten ein. „Die Stadt wird zu groß. Bald geht uns der Saft aus und dann gibt's Probleme, dann wird wieder ein Stadtteil geschrottet." Er klickte auf *Elektrizität* und dirigierte den Pfeil auf dem Bildschirm an die Stelle, wo seiner Meinung nach das Kraftwerk hingehörte. „Ich fände es besser, wenn es dort hinkäme", meinte Sander. Er zeigte auf den freien Platz zwischen dem Flugplatz und dem letzten Neubau, den sie errichtet hatten. Eigentlich lag das neue Viertel ja zu dicht am Flugplatz, aber das ließen sie jetzt einfach so. Sie hatten es ‚Dröhnhausen' getauft wegen der an- und abfliegenden Jets. […]

1 Stelle Vermutungen an, worum es in der Geschichte gehen könnte.

___

___

___

Lies die Fortsetzung.

[…] „Okay." Maarten war einverstanden. „Wie du willst." Er griff sich die Maus, steuerte den Pfeil zu dem von Sander vorgeschlagenen Platz und begann das Kraftwerksgelände abzugrenzen. Klick-klick, da war das Turbinenhaus. Jetzt noch die Hochspannungsleitungen und die Versorgungskabel zu den Wohngebieten, und schon gab es überall genug Strom. Maarten und Sander trafen sich fast täglich nach der Schule, um mit *Kids City* neue Städte zu entwerfen. Maarten hatte vor zwei Wochen eine neue Version bekommen, die noch viel mehr Spielmöglichkeiten bot als das vorige Programm. Sie bauten und rissen ab, planten ein Straßennetz, erfanden Namen für neue Stadtteile, versuchten Katastrophen zu verhindern, legten Flugplätze an, sorgten für Zubringerstraßen, Wasser- und Stromleitungen, bauten ein Schwimmbad und ein Stadion und überhaupt alles, was eine Stadt so brauchte. Zusammen waren sie Bürgermeister ihrer eigenen Stadt. Diese hatten sie – nicht besonders originell – Samastadt getauft.

„Total billig", das war der Kommentar gewesen von Stefanie, Maartens Schwester. Aber Stefanies Meinung war unwichtig. Die sollte sich gefälligst mit ihrem eigenen blöden Mädchenkram beschäftigen. „Wie nennt ihr die nächste?", hatte sie gefragt. „Masastadt, stimmt's?" „Geht dich nichts an." „Kinderkram", hatte Stefanie gesagt und ein Stück Papier weggerissen, auf dem Sander und Maarten die Namen verschiedener

Virtuelle Abenteuer

Wohnviertel von Samastadt notiert hatten. Absolut super, dass dieser Computer bis auf Weiteres in Maartens Zimmer stand. Arnold – das war Maartens Vater – hatte sich einen neuen angeschafft, größer und schneller. Den alten hatte er an seinen Freund und Kollegen Peter verkauft, aber der hatte bisher keine Zeit gefunden, ihn abzuholen. Maarten hoffte, dass das noch ein paar Wochen so bliebe. Ein eigener Computer in seinem Zimmer, das gefiel ihm ganz ausgezeichnet. Zumindest solange Stefanie ihre Finger davon ließ.

„Wie spät ist es?“, fragte Sander.

„Halb fünf. Musst du schon nach Hause?“

„Nee, erst um sechs.“

„Ich hab gefragt, ob du zum Essen bleiben darfst“, sagte Maarten. „Dann könnten wir länger dranbleiben.“

„Was gibt’s denn?“

„Fritten, glaub ich.“

„Apropos essen“, sagte Sander, „ich hab Appetit auf was Leckeres – würde ein bewaffneter Raubüberfall auf die Bonbonbüchse irgendwas bringen?“

„Möglich. Wenn Stefanie nicht schneller war.“ Maarten stand auf, zog zwei imaginäre Colts und zielte auf die Tür. „Hände hoch – was? Du willst nichts rausrücken? Peng, peng! So, das wird dir eine Lehre sein.“

„Ich mach dann schon mal weiter“, sagte Sander, als Maarten das Zimmer verließ.

„Nee, warte doch kurz. Bin sofort wieder da.“

„Okay.“

Maarten verschwand und Sander bewegte die Maus ein bisschen hin und her. Weiter tat er nichts, denn Maarten würde stinksauer werden, wenn er was Neues baute in Samastadt. Und doch kam ihm irgendwas verändert vor. Hatte er das selbst gemacht, aus Versehen? Die Häuserblocks sahen anders aus, beinahe echt, auch die Fabriken, die Straßen und die Autos. Wie würde Maarten das finden? Nicht so toll, das war klar. Sander rückte näher an den Bildschirm. War das wirklich noch Samastadt? Er fühlte sich merkwürdig leicht im Kopf und in seinem Bauch war ein seltsames Zittern. Daran war natürlich der Hunger schuld. Es war als hätte er eine kleine Maschine verschluckt. Er brauchte dringend was zu essen, was Süßes, einen Energieschub. Wo Maarten bloß blieb? Sicher stritt er wieder mit Stefanie herum. Sander blickte auf den Monitor. Da sah er etwas, das er vorher noch nicht bemerkt hatte: Menschen liefen über die Straßen. Wie war das möglich? Er hatte doch nur die Maus ein bisschen hin und her geschoben! Er klickte auf die Lupe mit dem Pluszeichen. Damit konnte man einen Bildschirmausschnitt heranzoomen und vergrößern. Er klickte noch einmal und alles wurde noch größer und echter, beinahe zu echt. Er spürte Angst. Ein unbekanntes Kribbeln durchlief seinen Körper, begann in den Zehen, lief durch die Beine, den Rumpf, die Arme, die Hände, die Finger. Neulich hatte er mit Maarten ein Spiel mit einer Batterie probiert – wer am längsten die beiden Pole festhalten konnte, mit nassen Fingern. Das war ungefähr dasselbe Gefühl gewesen. Er sah auf seine Finger und dann wieder auf den Bildschirm. Ihm war schwindlig. Fühlte es sich so an, wenn man betrunken wurde? Sander atmete tief ein und aus. Er wollte aufstehen und weggehen, aber das gelang ihm nicht. Er hatte das Gefühl, immer näher an den Bildschirm herangezogen zu werden […].

2 Notiere deine ersten Leseeindrücke in dein Heft.

Beispiele:
- *Ich habe nicht verstanden, warum …*
- *Mir hat gut gefallen, dass …*
- *Spannend finde ich, …*

3 Kläre unbekannte Wörter.

4 Formuliere W-Fragen zu dem Textauszug und beantworte sie schriftlich in deinem Heft.

5 Gliedere den Textauszug in Abschnitte und finde Zwischenüberschriften.

Abschnitt 1 (Z. 1–21)

Überschrift: Maarten und Sander spielen gemeinsam mit dem Computer.

Abschnitt 2 (Z. –)

Überschrift:

6 Nutze deine Arbeitsergebnisse aus Aufgabe 7 und 8 und schreibe eine Textzusammenfassung, die ...
- sachlich und knapp
- die wichtigsten Handlungsschritte
- in eigenen Worten formuliert

wiedergibt.
Gib acht darauf, dass deine Zusammenfassung keine persönlichen Wertungen oder Meinungen enthält.

Lies das Ende des Buches „Gefangen in Kids City".

[...] „Warum macht ihr nicht irgendwas am Computer? Ganz in Ruhe, wie sonst auch! Ihr langweilt euch doch bloß." Sie zuckten nur mit den Schultern.

„Wie hieß dieses tolle Spiel noch mal, das ihr neulich so ausdauernd gespielt habt?“

Wieder Achselzucken. „Maarten und Stefanie sind doch noch zusammen zu Peter gegangen, um weiterzuspielen! War das nicht Kids City?“

Sie nickten.

„Na, das hat Papa jetzt auch im Computer. Ihr könnt euch ruhig in sein Arbeitszimmer setzen, wenn ihr nur seine Papiere in Ruhe lasst und kein Chaos veranstaltet. Okay?“

„Keine Lust“, sagte Maarten.

„Warum nicht?“

„Einfach so“, sagte Sander.

Warum nicht? Das brauchten sie einander nicht zu erklären. Warum sollten sie Kids City starten und eine neue Stadt bauen? Eine neue Stadt mit Menschen darin, allesamt ausgeklickt, wenn die Dateibestände gelöscht wurden? Warum sollten sie etwas zum Leben erwecken, das sicher zum Tode verurteilt war? Man konnte Dateien schließlich nicht ewig aufheben.

„Na, dann weiß ich auch nicht weiter“, sagte Madelon.

„Wir auch nicht.“

Madelon war schon wieder in Richtung Küche unterwegs, blieb aber in der Türöffnung stehen. „Kommt schon, nicht so lahm. Ich habe eine Überraschung für euch.“

„Was denn?“

„Eigentlich war es nicht für heute gedacht – aber egal.“

„Was denn nun?!“

Madelon verschwand, ohne etwas zu sagen. Sander und Maarten sahen sich fragend an. Nach ein paar Minuten war sie zurück.

„Also hier – ein Fußballprogramm für den Computer, Champions League 2000. Was meint ihr? Ist das was? Könntet ihr damit den Nachmittag totschlagen?“

„Yes!!“

7 Was könnte der Grund dafür sein, dass Maarten und Sander die Lust an „Kids City“ verloren haben?

Es wäre möglich, dass ______________________________

____

____

Die folgenden Stichpunkte geben Auskunft darüber, was in der Zwischenzeit geschehen ist. Lies sie aufmerksam durch.

- Sander und Maarten verständigen sich über E-Mails.
- Sander wird Teil des Computerspiels.
- Maarten entdeckt Sander im Computerspiel.
- Die Samastädter wollen Sander als Geisel nehmen, um zu verhindern, dass das Computerspiel gelöscht wird.
- Maarten sucht überall verzweifelt nach seinem Freund.
- Sander hat Angst. Krieg bricht aus. Nahrungsmittel werden knapp. Er wird verfolgt.
- Peter holt seinen Computer bei Maarten ab.
- Sander entkommt mit einem Flugzeug.
- Maarten und seine Schwester Stefanie finden einen Vorwand, das Computerspiel bei Peter fortzusetzen.
- Ankunft in der Wirklichkeit, Wiedersehen mit Maarten, Stefanie und Sander am Flughafen.

8 Schreibe auf, wie die Geschichte weitergeht.
- Erzähle das Geschehen in der 3. Person (er/sie).
- Der Höhepunkt der Geschichte soll spannend formuliert sein.

  Beginne deine Erzählung im Anschluss an den folgenden Abschnitt.

(Sander befindet sich noch im Zimmer von Maarten)
[...] Sander atmete tief ein und aus. Er wollte aufstehen und weggehen, aber das gelang ihm nicht. Er hatte das Gefühl, immer näher an den Bildschirm herangezogen zu werden ...

Andreas Schlüter

Eine schreckliche Entdeckung

(Kapitel 2 aus dem Jugendbuch „Level 4 – Stadt der Kinder“)

[...] Ben war mit seinen Gedanken überhaupt nicht bei der Sache. Jennifer und Miriam hatten schließlich darauf gedrängt, Mathematik zu üben. Und Ben hatte sich dem Schicksal gefügt. Aber er musste ständig an sein Computerspiel denken. Warum funktionierte es nicht? Noch nie war während des Spiels der Zauberer verschwunden und damit das Spiel beendet. Sooft er den Computer ausschaltete, um ihn neu zu starten und das Spiel ein weiteres Mal zu laden: Die Fehler im Spiel wurden nur noch größer. Jetzt war nicht nur der Zauberer verschwunden, sondern es fuhren auch

keine Autos mehr auf dem Bildschirm. Nur die kleine Figur, die mit dem Joystick* zu steuern war, hopste noch durch die Computerwelt. Nichts ging mehr. Das Spiel stand still.

„Mensch, Ben. Wie geht denn diese Aufgabe jetzt? Du hörst mir überhaupt nicht zu“, klagte Jennifer. „Ich denke, wir lernen zusammen?“

„Ja, du erklärst das gar nicht richtig“, fing nun auch Miriam an zu mosern. Wenn sie schon keinen Spaß mehr haben sollte, wollte sie wenigstens auch ein bisschen was für die bevorstehende Mathearbeit mitbekommen. Aber daran war gar nicht zu denken. Ben murmelte nur unverständlich einige Formeln vor sich hin. Dabei schielte er mit einem Auge auf seinen Computer.

„Ich hol mir mein Trikot von Frank wieder“, sagte er schließlich. „Das Spiel ist total kaputt.“

„Oh Mann“, stöhnten die Mädchen wie aus einem Munde.

Jennifer wurde es jetzt wirklich zu dumm. „Du und dein bescheuertes Computerspiel!“, schimpfte sie. „Dann lassen wir das Lernen eben. Komm, Miriam, wir hauen ab. Mit dem ist heute sowieso nichts anzufangen.“

„Ist gut“, pflichtete Miriam ihrer Freundin bei. „Ich will nur mal gucken, ob meine Eltern schon zu Hause sind. Sonst könnten wir ja vielleicht noch ein Eis essen gehen!“ Schon war Miriam auf dem Weg zum Telefon. Nach einer Minute war sie bereits zurück.

„Keiner da“, sagte sie.

„Gut, dann gehen wir“, entschied Jennifer und machte einen Schritt Richtung Zimmertür. Ein knirschendes Geräusch hielt sie auf.

„Pass doch auf!“, schimpfte Ben. „Jetzt hast du meine Lichtschranke zertreten!“

„Wo soll man hier denn noch hintreten, wenn überall so viel Müll herumliegt?“, verteidigte sich Jennifer.

„Das ist kein Müll. Das ist Technik. Aber dafür bist du wohl zu dämlich!“, wütete Ben.

* **Joystick:** Schalthebel

Jennifer drehte sich beleidigt um. „Komm!“, sagte sie zu Miriam und ging energisch zur Tür, ohne darauf zu achten, wo sie hintrat. Eine Glühbirne, zwei Elektroschalter und ein Stecker fielen ihren stampfenden Schritten zum Opfer. Eine Minute später waren die Mädchen draußen auf der Straße. *Endlich!*, dachte Ben und setzte sich sofort wieder an den Computer.

Fast zwei Stunden saß er vor dem Bildschirm, ohne zu merken, wie die Zeit verging. Ein ums andere Mal wiederholte er die gleichen Handbewegungen: Computer ausstellen, Computer anstellen, bis der Kasten bereit war, das Spiel laden, zuschauen, wie das Spiel beginnt, den Joystick kontrollieren, mit der Figur in den Laden mit dem Zauberer gehen. Und dann passierte es immer wieder und wieder: Der Zauberer blieb verschwunden, das Spiel stand still.

Allmählich bekam Ben Hunger. Er blickte auf seinen Radiowecker. Kurz nach halb sieben.

Längst war Abendbrotzeit. Komisch, dass seine Mutter noch nicht da war. Zum Abendessen war sie sonst immer

pünktlich auf die Minute und das hieß: Um sechs Uhr gab's Essen. Das wusste Ben sehr genau. Denn meistens war es natürlich genau dann sechs Uhr, wenn es an jedem anderen Ort gerade tausendmal interessanter war als am Küchentisch. Ob im Schwimmbad oder auf dem Fußballplatz, vor dem Computer oder einfach vor dem Haus auf der Wiese, stets musste Ben sich auf den Weg machen, wenn es am schönsten war. Nur weil um sechs Uhr gegessen wurde. Bens Mutter bestand darauf.

In allen anderen Fragen, das mußte Ben zugeben, hatte er große Freiheiten, konnte er über alles mit seiner Mutter reden – zumindest bot sie es ihm immer an. Nur beim Abendessen blieb sie stur. Wenigstens einmal am Tag, zu einem festen Zeitpunkt wollte sie in Ruhe mit ihrem einzigen Sohn zusammen sein.

Ben verstand das nicht so richtig. Seit sich seine Eltern vor fünf Jahren hatten scheiden lassen, besuchte er nur dreimal im Monat seinen Vater, der am anderen Ende der Stadt wohnte. Seine Mutter sah er jeden Tag. Warum das nun aber immer unbedingt abends um sechs Uhr sein musste, blieb für ihn eines der vielen Rätsel, die die Erwachsenen ihm aufgaben.

Und nun war es schon nach halb sieben. Irgendetwas stimmte da nicht. Selbst wenn etwas dazwischengekommen wäre – und es war noch nie etwas dazwischen gekommen –, dann hätte Bens Mutter mit Sicherheit von unterwegs angerufen. Ben ging in die Küche und blickte in den Kühlschrank. Zumindest auf den war Verlass. Aufschnitt, Käse, Butter, Cola, sogar einige Würstchen befanden sich in der weißen, kühlen Schatztruhe. Egal, an welchem Tag oder zu welcher Uhrzeit Ben hier einen Blick hineinwarf, irgendetwas Brauchbares befand sich hierin immer.

Ben machte sich erst einmal ein köstliches Abendbrot. Vielleicht, dachte Ben bei sich, würde seine Mutter endlich einmal sehen, wie gut er auch schon allein zurechtkam. Schließlich war er schon fast dreizehn. Seine Mutter aller-

Scheiben Brot, die doppelt mit Wurst belegt waren, und einer kühlen Dose Cola setzte Ben sich an den Küchentisch und sah aus dem Fenster. Von hier aus konnte er fast die ganze Straße überblicken. Wenn seine Mutter käme, würde er sie von dieser Stelle aus bestimmt nicht übersehen.

Aber auf der Straße tat sich nichts.

Nicht nur, dass Bens Mutter nicht kam. Nein, auf der Straße war überhaupt nichts zu sehen. Kein Mensch jedenfalls. Irgendetwas war seltsam an dieser Straße. Sie war auf beiden Seiten mit Autos zugeparkt wie immer. Die Geschäfte – der Bäcker, der Zeitungsladen, die Wäscherei, der kleine Supermarkt – hatten natürlich schon geschlossen. So schien es jedenfalls. Trotzdem: dass überhaupt niemand auf der Straße war, kam Ben sehr merkwürdig vor. Nicht einmal ein Auto fuhr auf der Straße.

Das war's! Es fiel Ben erst jetzt auf. Es fuhr kein einziges Auto auf der Straße. Das gab es sonst noch nie! Wenn kein einziges Auto durch die Straße kam, dann musste irgendetwas los sein. Wahrscheinlich hatte sich am Anfang der Straße ein schlimmer Unfall ereignet und die Polizei hatte die Straße gesperrt. Ben zögerte einen Augenblick. In

Windeseile zog er sich die Schuhe und Jacke an und stürmte hinaus.

Kurz darauf stand er an der Straßenkreuzung, wo er den Unfall vermutete.

Nichts.

Kein Unfall, keine Polizei. Auch hier fuhr kein einziges Auto. Im Gegenteil: Einige Autos standen mitten auf der Straße, aber sie waren leer. Bei manchen lief sogar noch der Motor. Kein Mensch war zu sehen. Ben kam sich vor wie in einer Geisterstadt. Mutterseelenallein stand er auf der Kreuzung, drehte sich mehrmals um sich selbst und blickte in alle Richtungen. Was war los? Wen konnte er fragen?

Jennifer! Sie war doch vor knapp zwei Stunden noch bei ihm gewesen. Dann war sie gemeinsam mit Miriam ein Eis essen gegangen. Wenn sich also innerhalb der letzten beiden Stunden etwas Merkwürdiges ereignet hatte, müsste sie es mitbekommen haben. Zum Glück wohnte Jennifer nur zwei Straßen weiter.

Ben klingelte Sturm an Jennifers Haustür. Sofort wurde die Haustür aufgerissen und Ben sah in das erstaunte Gesicht von Jennifer, das sogleich tiefe Enttäuschung signalisierte.

„Was machst du denn hier?", seufzte das Mädchen. „Ich hatte gehofft, es wären endlich meine Eltern. Ich warte schon über eine Stunde auf sie. Sie wollten doch mit mir ins Kino gehen."

„*Deine* Eltern sind auch weg?", fragte Ben. In kurzen Sätzen erzählte er Jennifer von seinen Beobachtungen und setzte dann nach: „Was ist denn bloß passiert? Ist dir nichts aufgefallen, als du mit Miriam Eis essen warst?"

„Wir waren ja gar kein Eis essen", erzählte Jennifer. „Wir wollten zwar gerne, aber es war kein Verkäufer in der Eisdiele. Wir haben fünf Minuten gewartet und gerufen. Nichts passierte. Da sind wir eben wieder gegangen."

Plötzlich machten sich völlig verrückte Gedanken in Bens Kopf breit: *Zum ersten Mal erscheint meine Mutter nicht zu Hause, auf der Straße fährt kein einziges Auto, die Stadt ist wie leer gefegt, in der Eisdiele ist niemand und Jennifers Eltern sind auch weg. Das ist* „... wie im Computerspiel", sagte Ben plötzlich laut.

„Wie bitte?", fragte Jennifer gereizt. „Kannst du niemals an etwas anderes denken als an deinen idiotischen Computer?"

„'tschuldigung", murmelte Ben nur. Jennifer hatte ja recht. Wie konnte er jetzt nur wieder an seinen Computer denken? *Dennoch: Es war wie in seinem neuen Computerspiel. Auch dort verschwinden von Bild zu Bild immer mehr Menschen aus der Stadt, und zwar nur die Erwachsenen. Aufgabe des Spiels ist es, mit der Figur so viele Kinder wie möglich zu versammeln und die Stadt zu retten. Für jede Funktion in der*

Stadt, die man am Leben erhält, gibt es Punkte. So geht das Spiel – wenn es funktioniert. Aber das Spiel war kaputt. Und seitdem vermisste er seine Mutter, wartete Jennifer auf ihre Eltern …

„Das ist doch Blödsinn!" Wieder sprach Ben seinen letzten Gedanken laut aus. „Was ist Blödsinn? Geht es dir noch gut?" Jennifer wusste nicht, was sie von Ben halten sollte. Er stand da, stierte* ins Leere und murmelte irgendwelche Sätze ohne Sinn vor sich hin. Aber Ben hatte jetzt eine Entscheidung getroffen.

„Hör zu!", sagte er zu Jennifer. „Von mir aus kannst du mich für verrückt halten. Aber lass uns alle anderen anrufen und fragen, was bei denen los ist."

„Welche anderen?" Jennifer kapierte überhaupt nichts mehr.

„Na, all unsere Freunde", antwortete Ben. „Frank, Miriam, Thomas und so weiter."

Jennifer hielt das für eine ausgesprochen dumme Idee.

Was sollte Miriam damit zu tun haben, dass ihre Eltern nicht nach Hause kamen?

Aber Ben schien so überzeugt, dass sie ihm nicht widersprach. Sie holte ihr kleines rosafarbenes Telefonbüchlein, in dem all ihre Freundinnen notiert waren, hockte sich neben Ben ans Telefon und sie begannen einen nach dem anderen anzurufen. Schon nach einer Viertelstunde war für Ben die Sache klar.

„Miriam wartet ebenfalls auf ihre Eltern. Thomas' Großmutter, bei der er zurzeit wohnte, ist plötzlich verschwunden. Und Franks großer Bruder ist auch noch nicht aufgetaucht, obwohl er auf die Wohnung achten soll, solange sein Vater auf Geschäftsreise ist. Ich weiß nicht, wieso, aber ich sage dir: Alle, die älter sind als fünfzehn Jahre, sind verschwunden!"

* **stieren:** starren, blicken

„Wie kommst du gerade auf fünfzehn?", fragte Jennifer. „Willst du mit nicht endlich erklären, welche geheimnisvollen Rätsel du die ganze Zeit zu lösen versuchst?"

Ben erklärte ihr die Regeln seines Computerspiels. „Verstehst du?", sagte er weiter. „Im Computerspiel verschwinden alle Menschen, die älter sind als fünfzehn Jahre. Und genau das ist in unserer Stadt passiert!"

„Du meinst, dein Computerspiel ist Wirklichkeit geworden?"

„Genau das meine ich, auch wenn es verrückt klingt."

„Du spinnst doch!"

„Dann erkläre mir, wo die Eltern, Großmütter und älteren Geschwister von Miriam und Thomas und Frank sind."

„Aber das gibt es doch gar nicht!", schrie Jennifer. Ihre Stimme zitterte. Eine Gänsehaut kroch ihr langsam die Arme hinauf. Ihre Augen wurden feucht. Ihr war zum Heulen zumute. Noch aber unterdrückte sie die Tränen. Nein, solange sie nicht vollkommen sicher war, dass Bens verrückte Theorie stimmte, wollte sie auch noch nicht weinen. „Komm!", rief sie zu Ben. „Ich will wissen, ob das stimmt, was du sagst." [...]

1 **a)** Kläre unbekannte Wörter und unverständliche Textstellen.

b) Stelle W-Fragen zum Textinhalt und beantworte sie in deinem Heft.

2 Mache dir ein Bild über die Hauptfigur.
Belege deine Aussagen am Text.

Name: ______________________________ *(Z.)*

Alter: ______________________________ *(Z.)*

Hobbys: ______________________________

______________________________ *(Z.)*

Freunde: ______________________________ *(Z.)*

Familienverhältnisse: ______________________________

______________________________ *(Z.)*

Wohnort/Wohngegend: ______________________________

______________________________ *(Z.)*

3 Stelle dir vor, alle Erwachsenen in deiner Umgebung würden plötzlich verschwinden. Wie würdest du dich fühlen? Kreuze an! Begründe deine Antwort.

- ☐ verängstigt
- ☐ besorgt
- ☐ fröhlich
- ☐ nervös
- ☐ glücklich
- ☐ erleichtert
- ☐ neugierig
- ☐ genervt
- ☐ wütend
- ☐ traurig
- ☐ gelangweilt
- ☐ ratlos
- ☐ entsetzt

Vermutlich wäre ich ______________________________ *,*

weil ______________________________

____

4 Wie fühlt sich Ben? Belege deine Antwort am Text.

Ben ist zunächst verwundert, weil seine Mutter nicht

pünktlich zum Abendessen erscheint (Z. 82 ff.),

5 Versuche Bens Gefühle und Gedanken nachzuempfinden. Schreibe aus seiner Sicht einen Tagebucheintrag in dein Heft.

Tagebucheintrag vom 22.09.2009:

Ich weiß gar nicht, wo ich anfangen soll. So viel ist geschehen und ich kann meine Gedanken kaum ordnen. Es fing alles damit an, dass ...

Textquellenverzeichnis:

S.12ff. Stephan Lebert: Medienkonsum - Verloren in einer virtuellen Welt. Aus: DIE ZEIT, 12.6.2008 Nr. 25 (gekürzt und leicht bearbeitet von Ulrike Staffel-Schierhoff) **S.29ff.** JIM-Studie 2008 - Pressemeldung. Hg. Medienpädagogischer Forschungsverbund Südwest. http://www.mpfs.de/index.php?id=117L=0&type=1 (Stand vom 11.11.2009) **S.35f.** Rodman Philbrick: Das letzte Buch des Universums. Aus dem Amerikanischen von Sabine Grebing. Ravensburg: Ravensburger Buchverlag Otto Maier GmbH 2001 (gekürzt von Ulrike Staffel-Schierhoff) **S.38ff.** René Appel: Gefangen in Kids City. Aus dem Niederländischen von Monica Barendrecht und Thomas Charpey. München: Deutscher Taschenbuch Verlag 2002. © 2000 der deutschsprachigen Ausgabe: Verlag Nagel & Kimche Zürich **S.45ff.** Andreas Schlüter: Level 4. Die Stadt der Kinder. München: Deutscher Taschenbuch Verlag 162009. © 2004 Arena Verlag GmbH, Würzburg

Bildquellenverzeichnis:

S.4 Pong®courtesy of Atari Interactive, Inc. © 1972 Atari Interactive, Inc, All rights reserved. Used with permission; **S.5** Nintendo; **S.6** SEGA; **S.7** Bild 1: Linden Lab, Bild 2: Linden Lab, Bild 3: Fotolia.com (moonrun), Bild 4: Linden Lab; **S.9** Linden Lab; **S.10** Linden Lab; **S.14** Ulrike Staffel-Schierhoff; **S.33** Medienpädagogischer Forschungsverband Südwest 2008 www.mpfs.de; **S.34** Medienpädagogischer Forschungsverband Südwest 2008 www.mpfs.de

Wir danken den Rechteinhabern für die Abdruckgenehmigung. Da es uns leider nicht möglich war, alle Rechteinhaber zu ermitteln, bitten wir, sich gegebenenfalls an den Verlag zu wenden.

Lektorat: Katja Hohenstein, Wiebke Herrmann (Assistenz)
Bildrecherche: Helene Schopohl
Umschlaggestaltung: Visuelle Gestaltung Katrin Pfeil, Mainz
Layout und technische Umsetzung: Annika Preyhs für Buchgestaltung+

www.cornelsen.de
www.oldenbourg-bsv.de

Die Internet-Adressen und -Dateien, die in diesem Lehrwerk angegeben sind, wurden vor der Drucklegung geprüft. Der Verlag übernimmt keine Gewähr für die Aktualität und den Inhalt dieser Adressen und Dateien oder solcher, die mit ihnen verlinkt sind.

1. Auflage, 1. Druck 2010

Druck: CS-Druck CornelsenStürtz, Berlin

ISBN 978-3-06-061845-3

Inhalt gedruckt auf säurefreiem Papier aus nachhaltiger Forstwirtschaft.